Made in the USA
Las Vegas, NV
20 January 2023

65970921R00070